JAN BAJTLIK

ARIADNES FADEN

GÖTTER • SAGEN • LABYRINTHE

AUS DEM POLNISCHEN VON THOMAS WEILER

MORITZ VERLAG
FRANKFURT AM MAIN

INHALT

Vorwort → **S. 5**

Das Weltbild der alten Griechen → **S. 6**

Typhon → **S. 8**

Prometheus und die Menschen → **S. 10**

Die zwölf Arbeiten des Herakles → **S. 12**

Das Labyrinth des Minotauros → **S. 14**

Der Labyrinth-Tanz → **S. 16**

Der Palast von Knossos, 20.-14. Jh. v. Chr. → **S. 18**

Bestiarium → **S. 20**

Die Argo → **S. 22**

Die Jagd nach dem Goldenen Vlies → **S. 24**

Der Trojanische Krieg, Teil I: Der Angriff der Achaier → **S. 26**

Der Trojanische Krieg, Teil II: Die Belagerung → **S. 28**

Der Trojanische Krieg, Teil III: Die Eroberung → **S. 30**

Die Odyssee, Teil I: Die Insel der Zyklopen → **S. 32**

Die Odyssee, Teil II: Die Insel Aiaia → **S. 34**

Die Odyssee, Teil III: Nach Ithaka → **S. 36**

Sisyphos → **S. 38**

Ödipus → **S. 40**

Die Schmiede des Hephaistos → **S. 42**

Der Koloss von Rhodos, 3. Jh. v. Chr. → **S. 44**

Die Olympischen Spiele, 5. Jh. v. Chr. → **S. 46**

Die Häuser der alten Griechen, 5. Jh. v. Chr. → **S. 48**

Die Akropolis von Athen, 5.-4. Jh. v. Chr. → **S. 50**

Das griechische Theater, 4. Jh. v. Chr. → **S. 52**

Stammbaum der Götter und Heroen → **S. 54**

Erklärungen → **S. 55**

VORWORT

Vor über 2.000 Jahren, zur Zeit der Antike, war Griechenland einer der wichtigsten Orte der Welt. Dort entwickelten sich mächtige Städte, in denen berühmte Philosophen, Dichter und Künstler lebten und arbeiteten. Kunst- und Bauwerke entstanden sowie Erfindungen und Bräuche, die die gesamte europäische Kultur beeinflusst haben und die bis heute bestaunt werden.

Seit Jahrhunderten sind Menschen in aller Welt fasziniert von den griechischen Sagen, uralten Geschichten, mit denen die alten Griechen sich ihre Umwelt zu erklären versuchten. Sie erzählen davon, wie die Welt und ihre Ordnung entstanden sind, von der Herkunft des Menschen und der Natur, aber auch die Geschichte von Göttern und Menschen. Die Labyrinthe in diesem Buch weisen den Weg durch die Sagen und führen mitten hinein in das antike Griechenland. Während du mit dem Finger durch die Labyrinthe wanderst, lernst du die Schicksale der mythischen Helden kennen und erfährst außerdem, wie die alten Griechen gelebt und gewohnt und womit sie ihre Zeit verbracht haben.

WIE FUNKTIONIERT DIESES BUCH?

1. Finde den Weg durch das Labyrinth. Es führt immer nur ein Weg hinaus.

2. Mach dich mit der Welt der alten Griechen und mit ihren Sagen vertraut:
Sieh dir die Zeichnungen an, entdecke spannende Einzelheiten und lies die Bildunterschriften.

3. Wenn du mehr über die Hintergründe erfahren willst, lies dir die Erklärungen am Ende des Buches durch.
Die dazu passende Seitenzahl findest du neben der Überschrift.

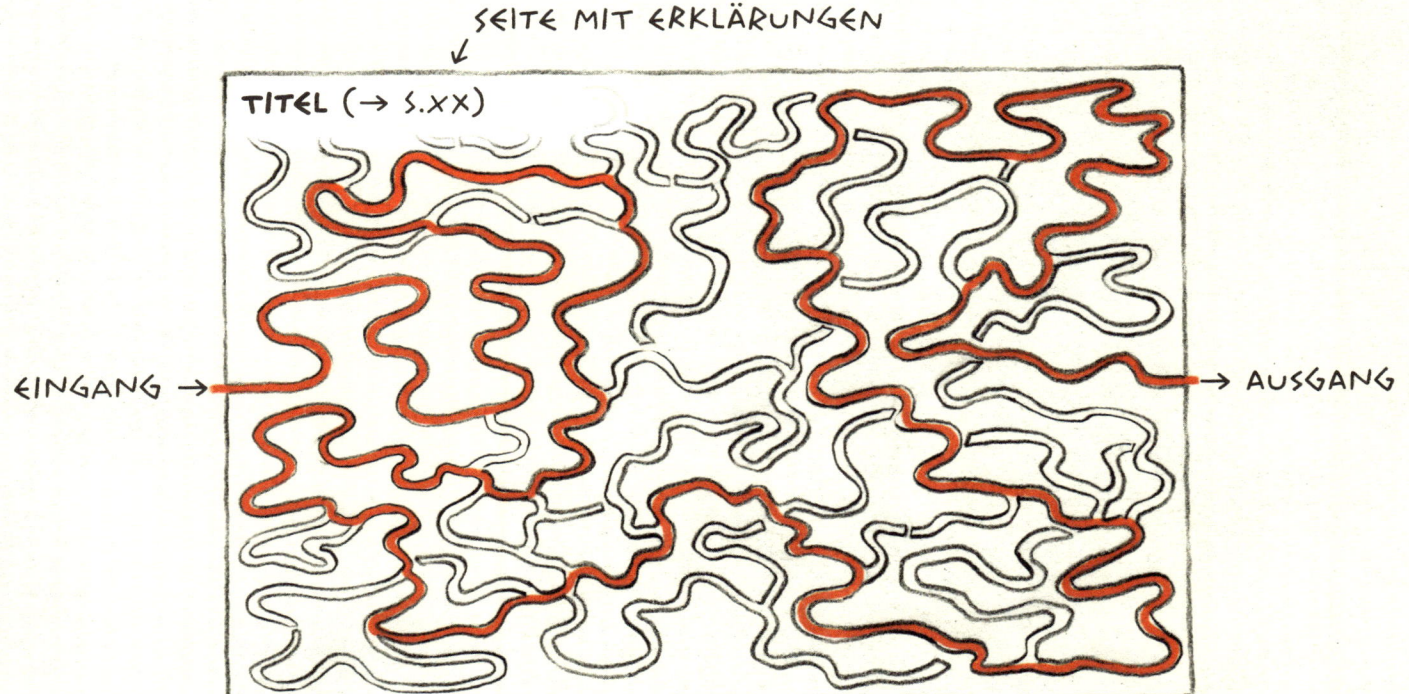

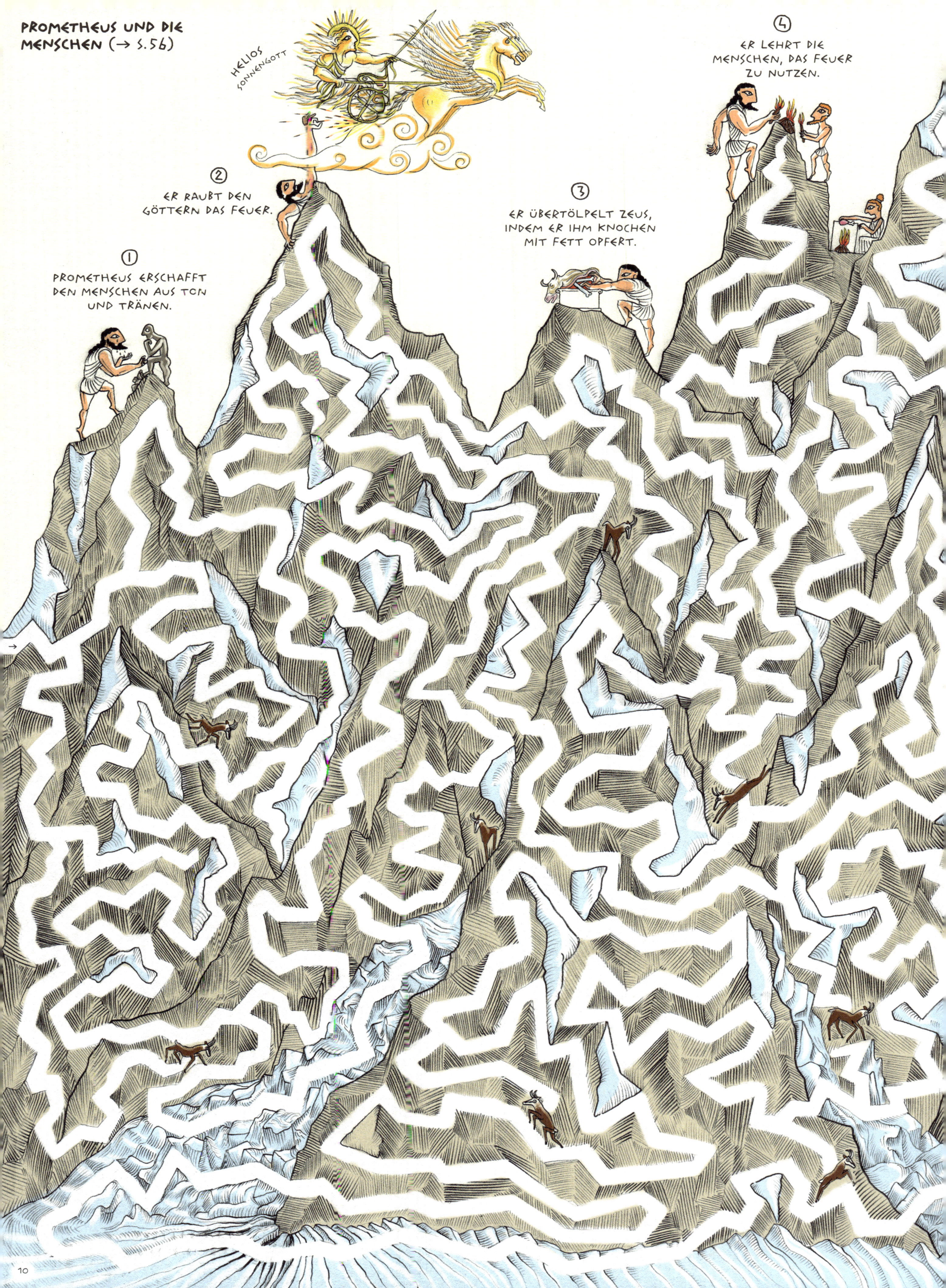

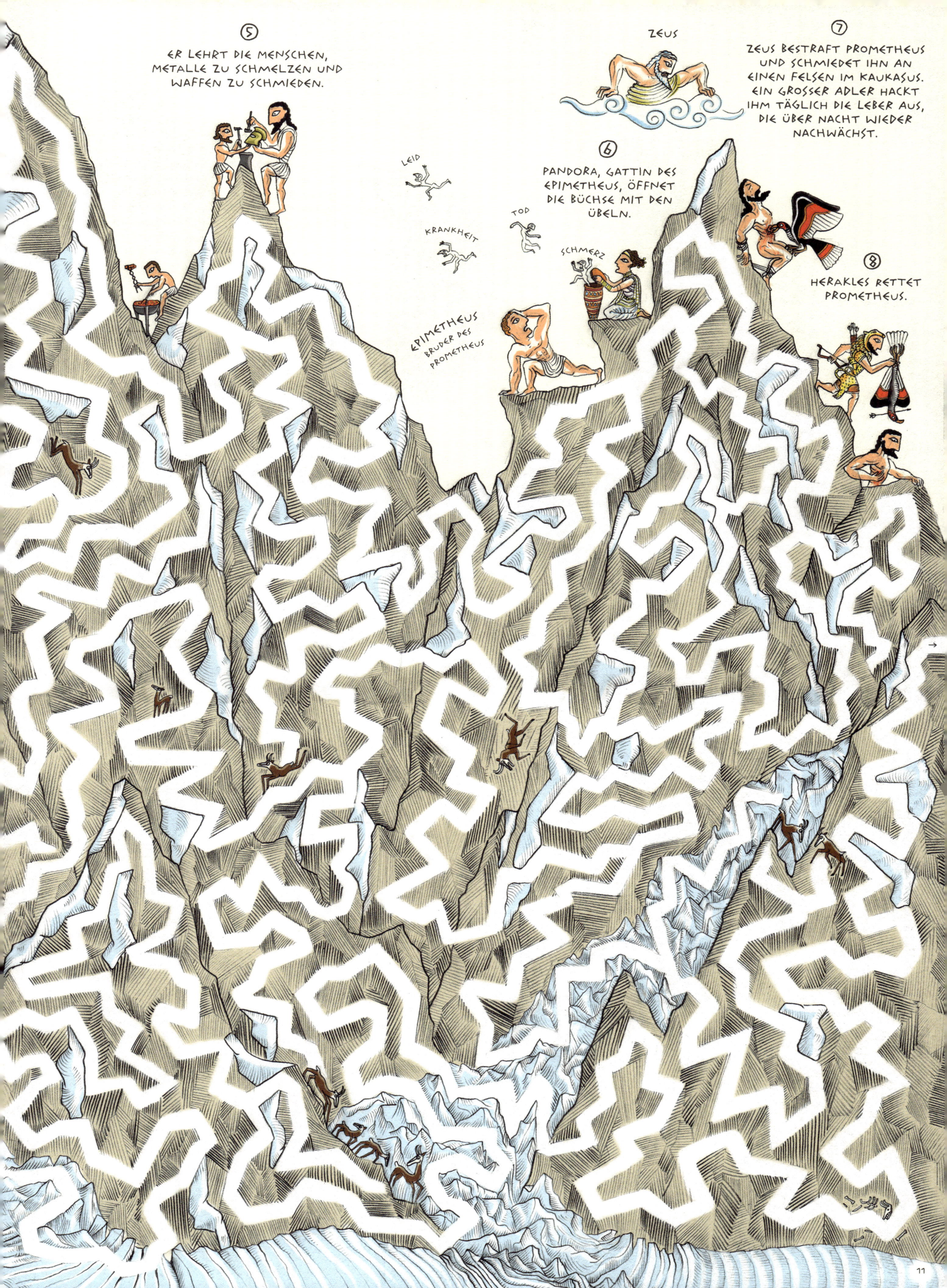

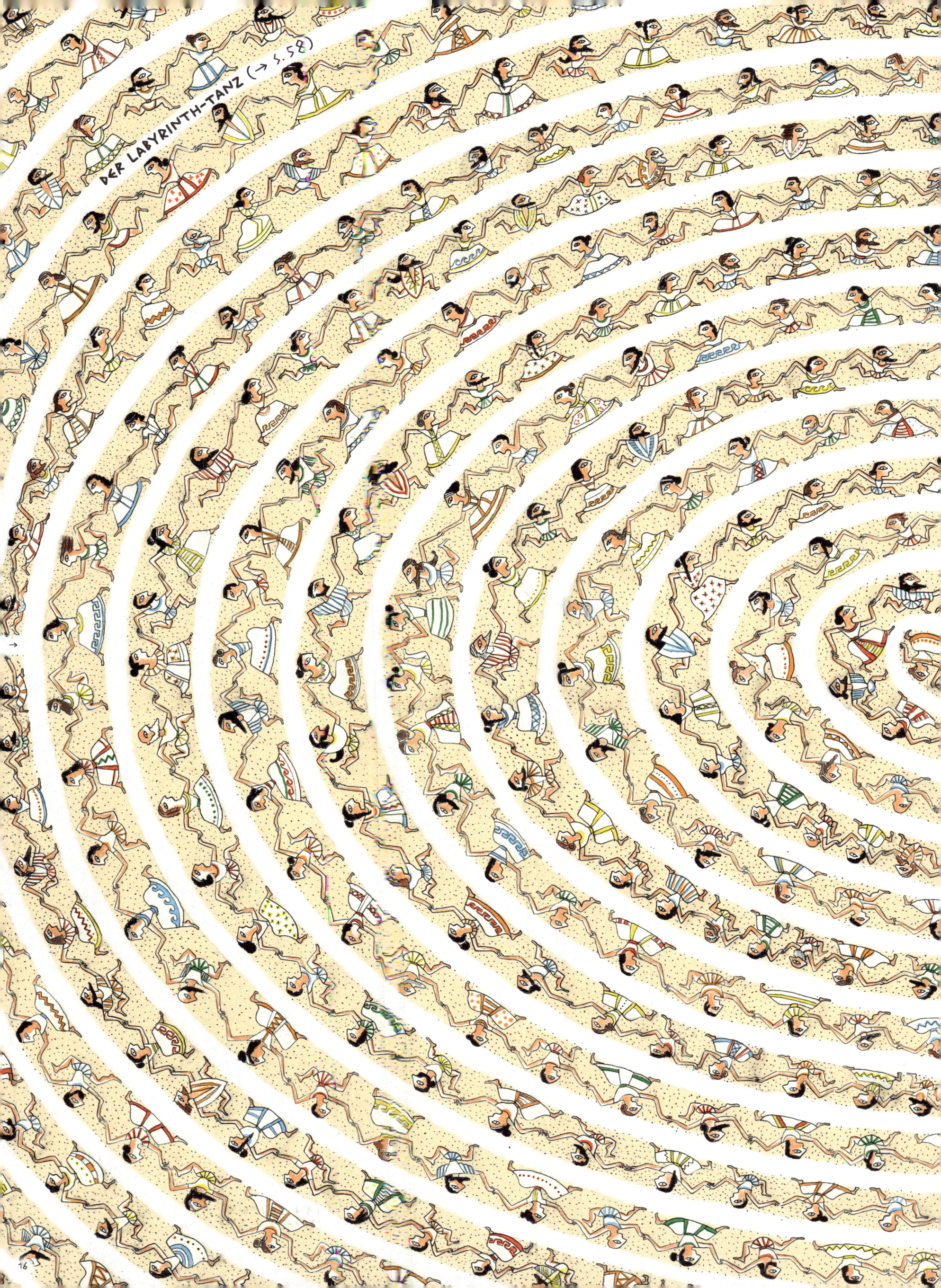

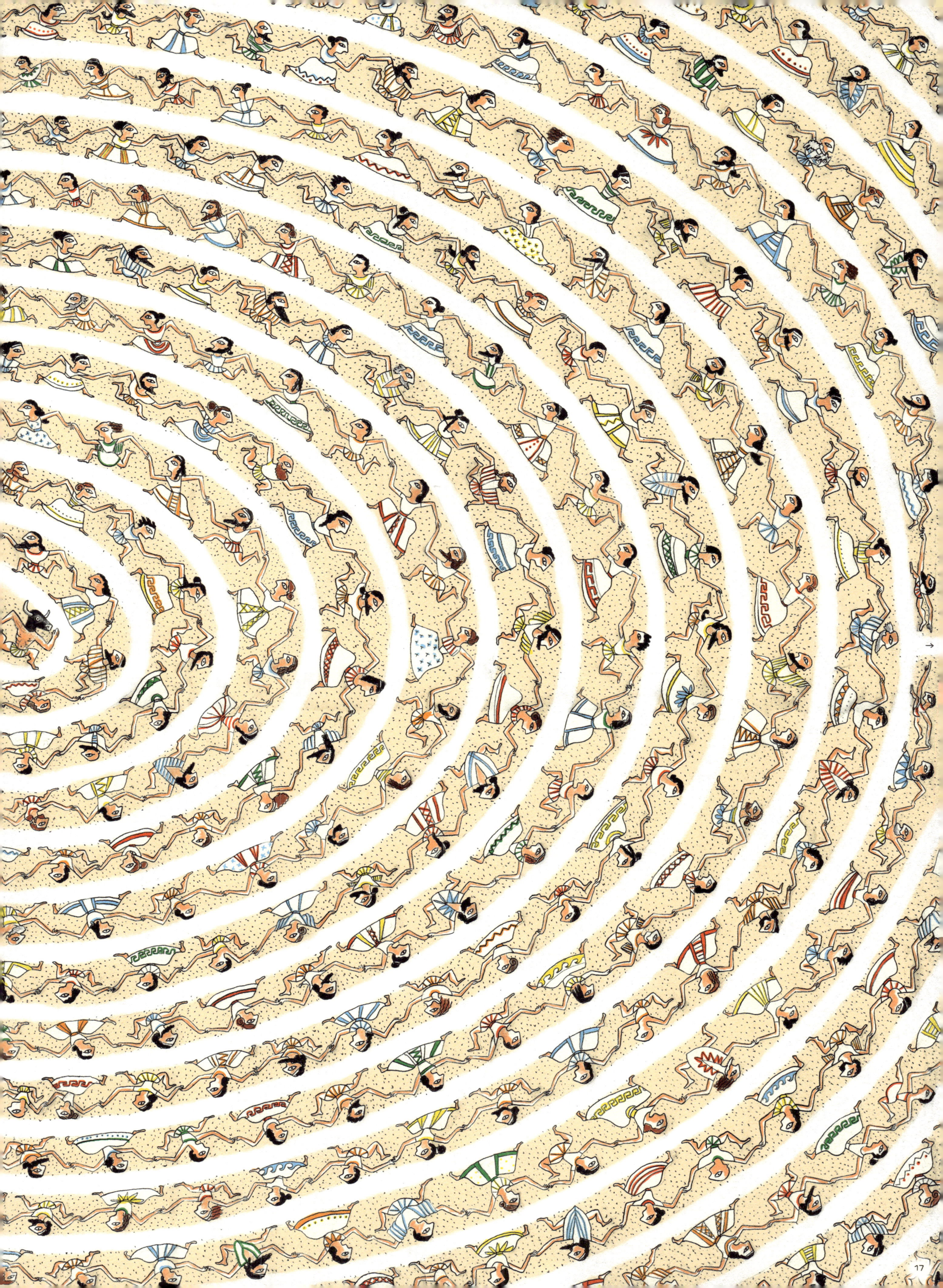

DIE ARGO (→ S. 65)
WURDE FÜR DIE JAGD NACH DEM GOLDENEN VLIES ERBAUT.
IHRE BESATZUNG NANNTE MAN ARGONAUTEN.

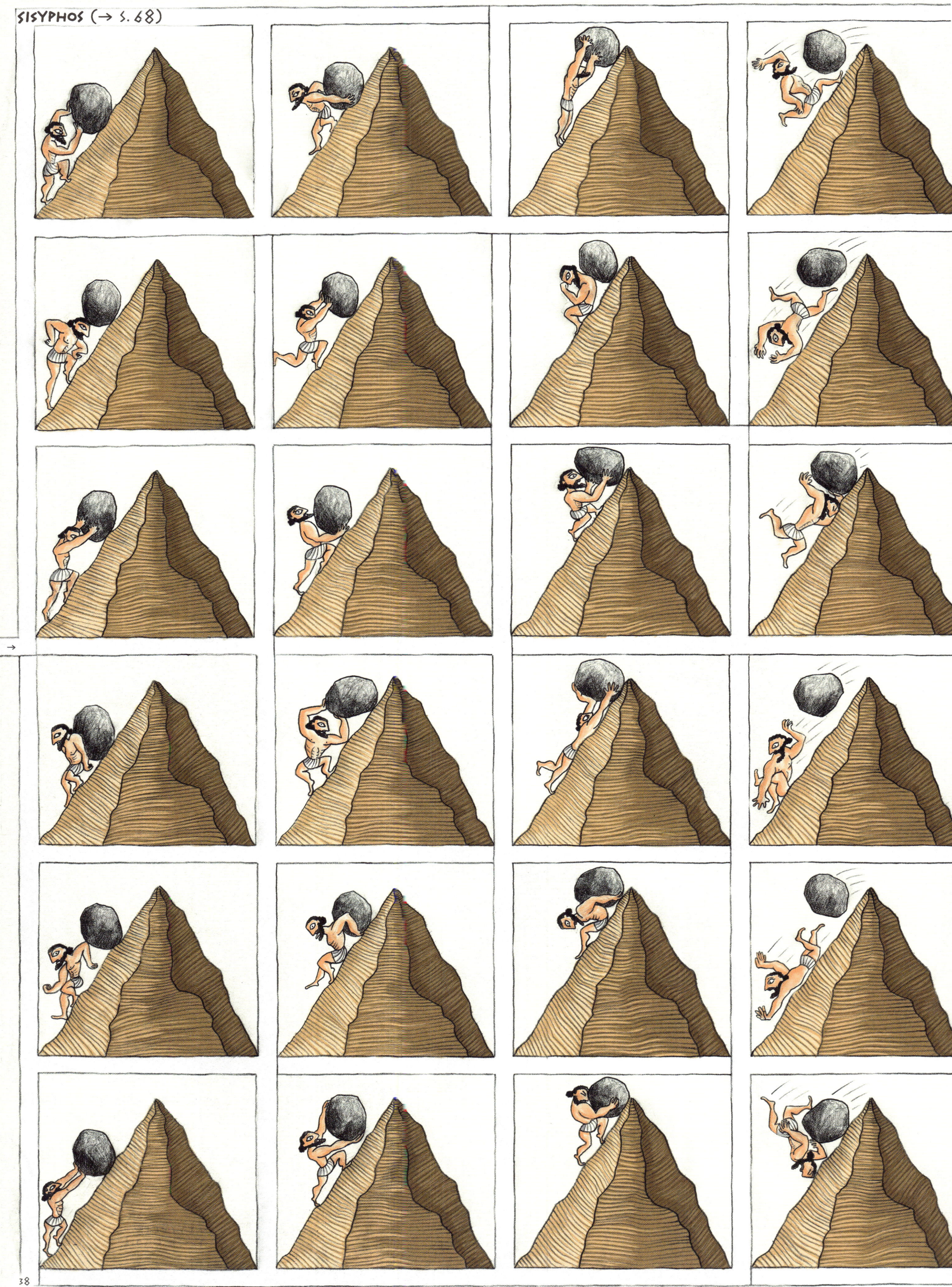

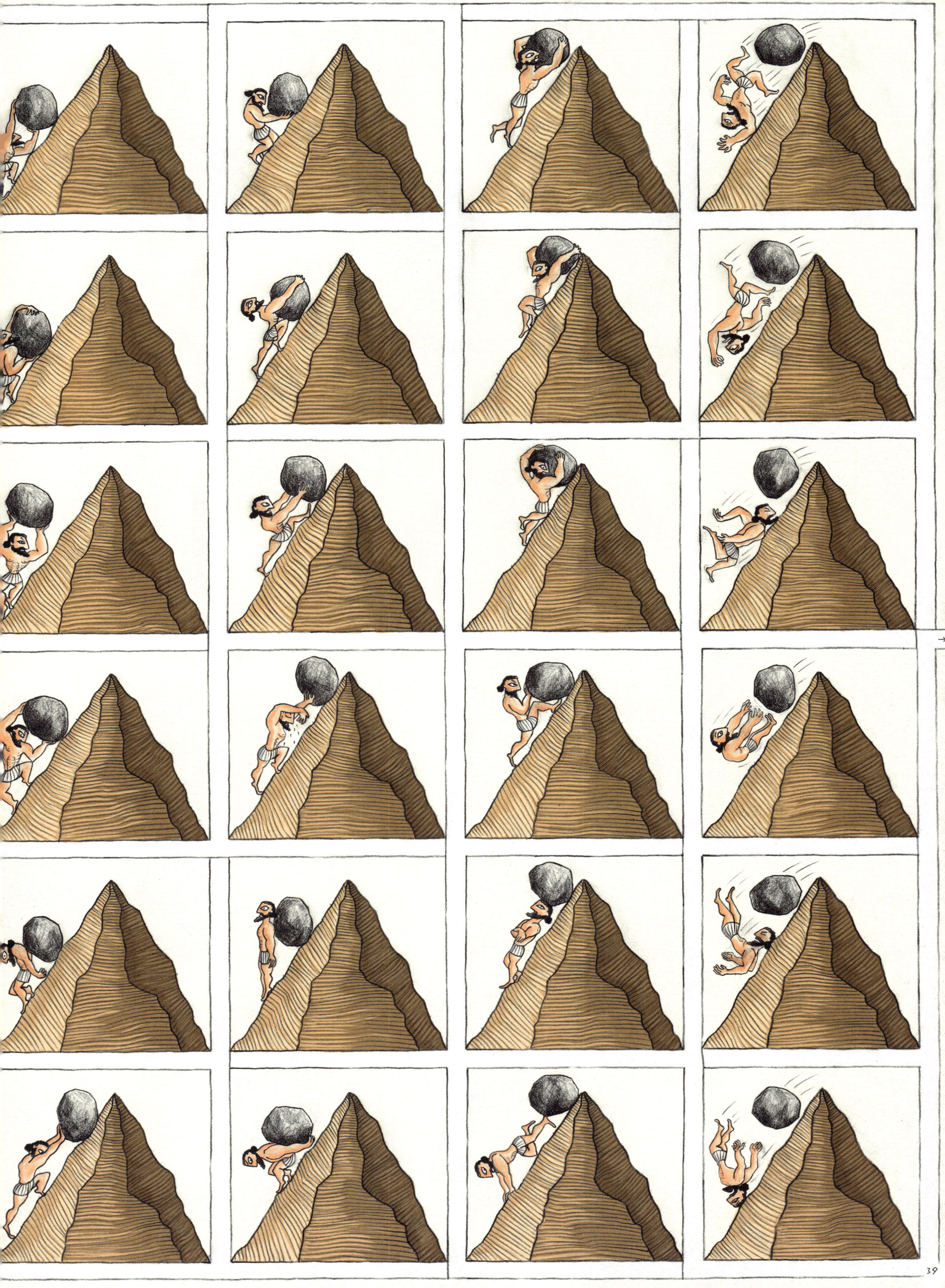

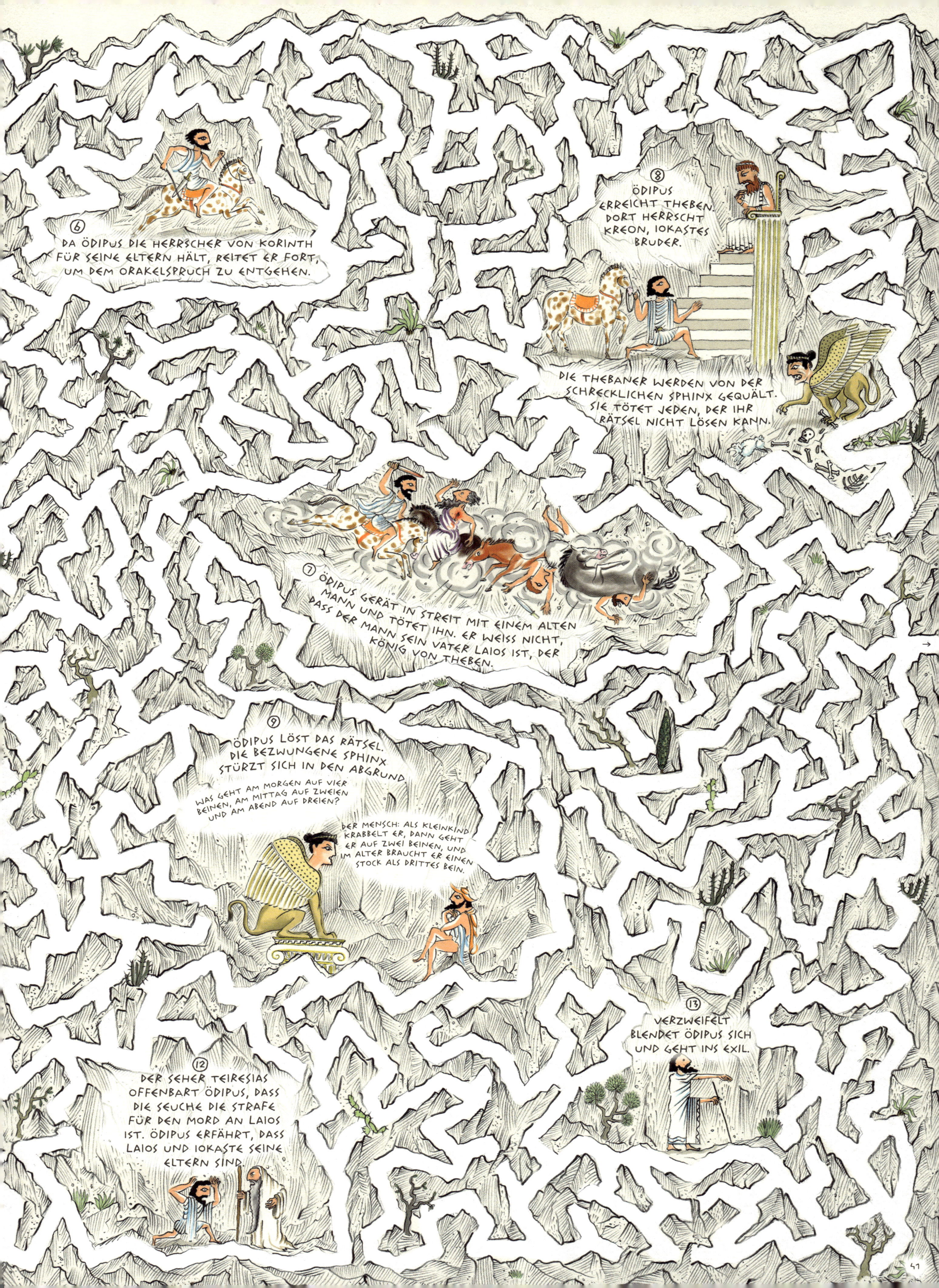

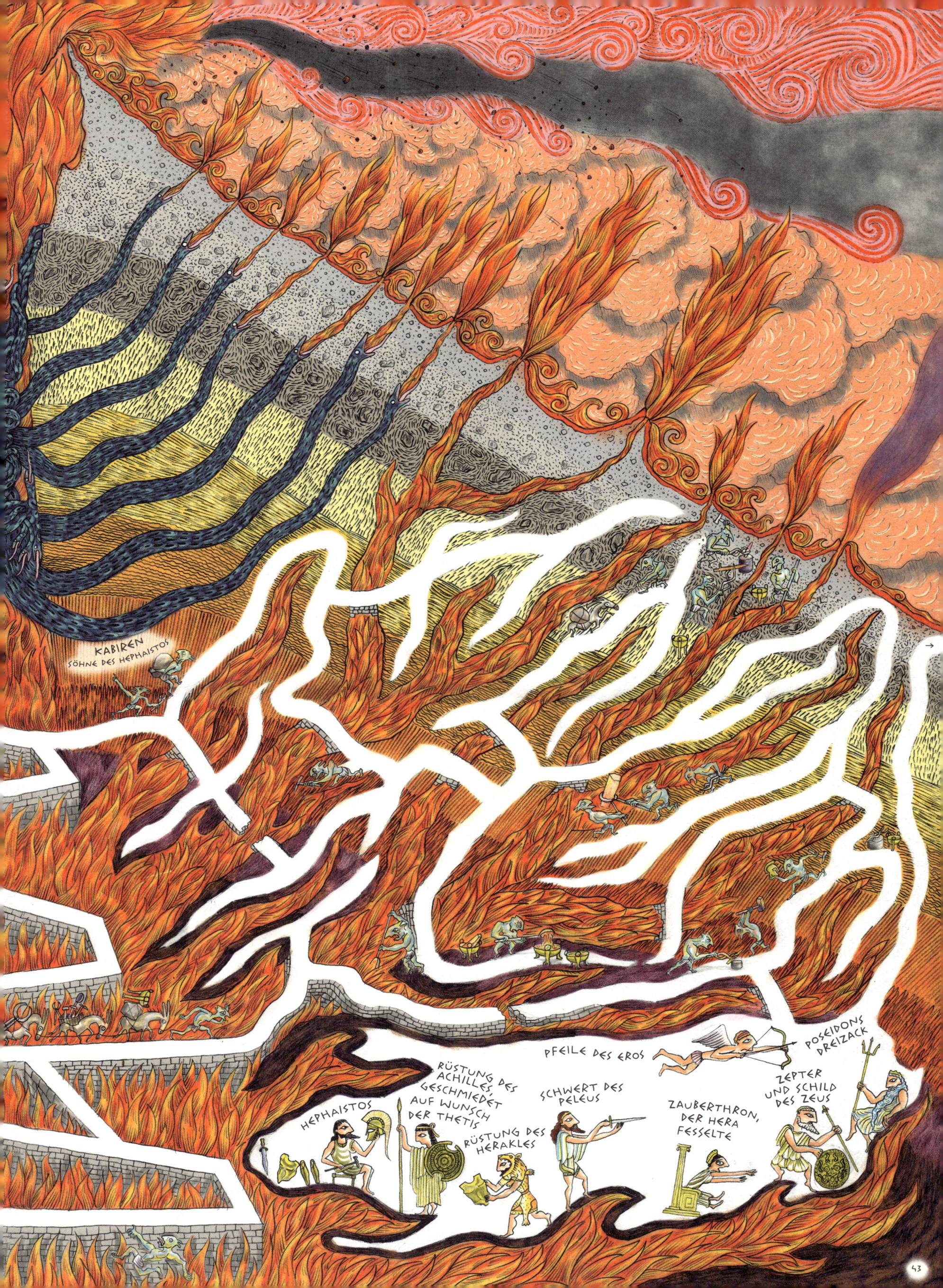

DER KOLOSS VON RHODOS, 3. JH. V. CHR. (→ S. 59)
STATUE FÜR DEN GOTT HELIOS AUF DER INSEL RHODOS

CHARES VON LINDOS, SCHÖPFER DER STATUE

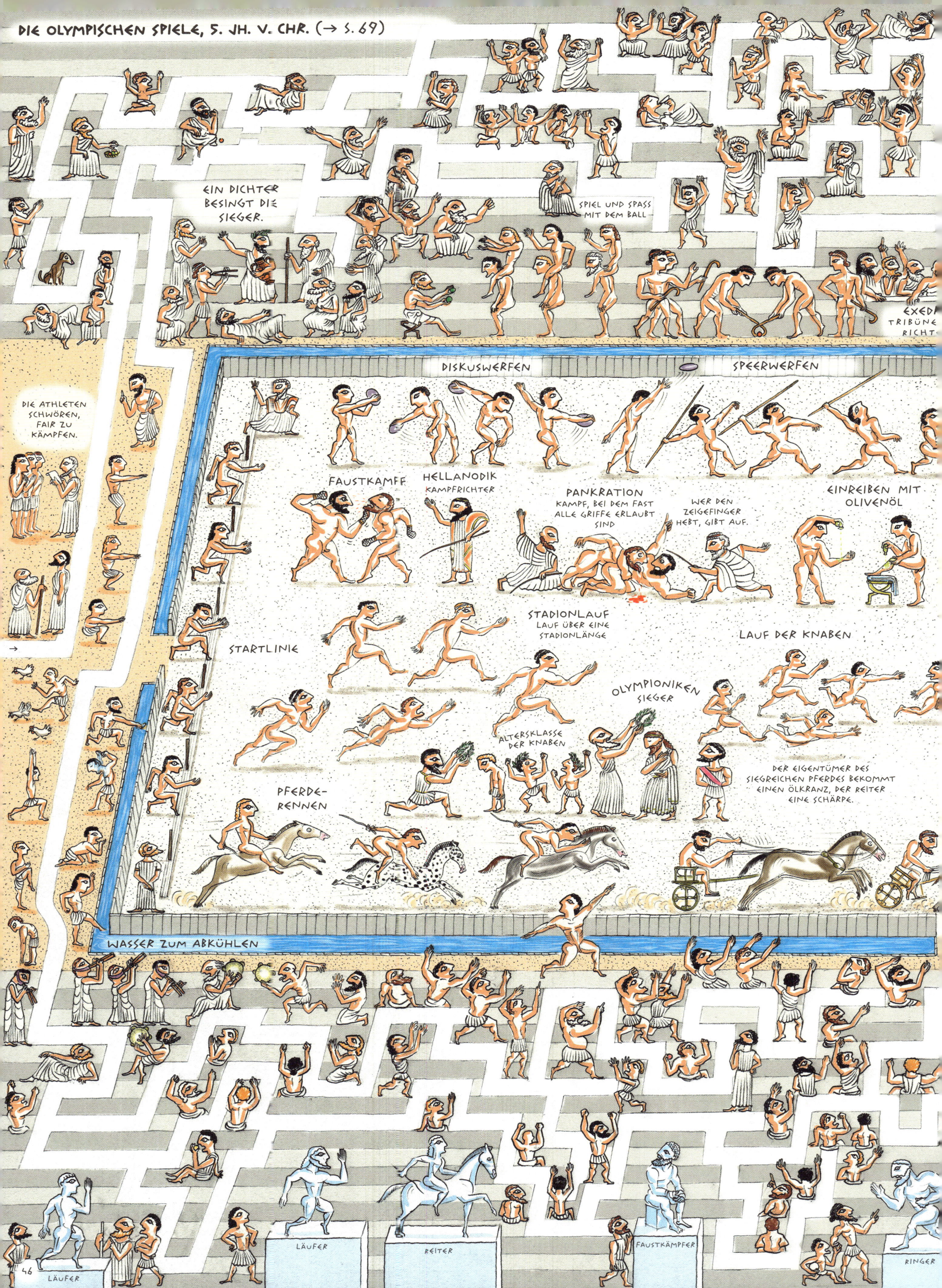

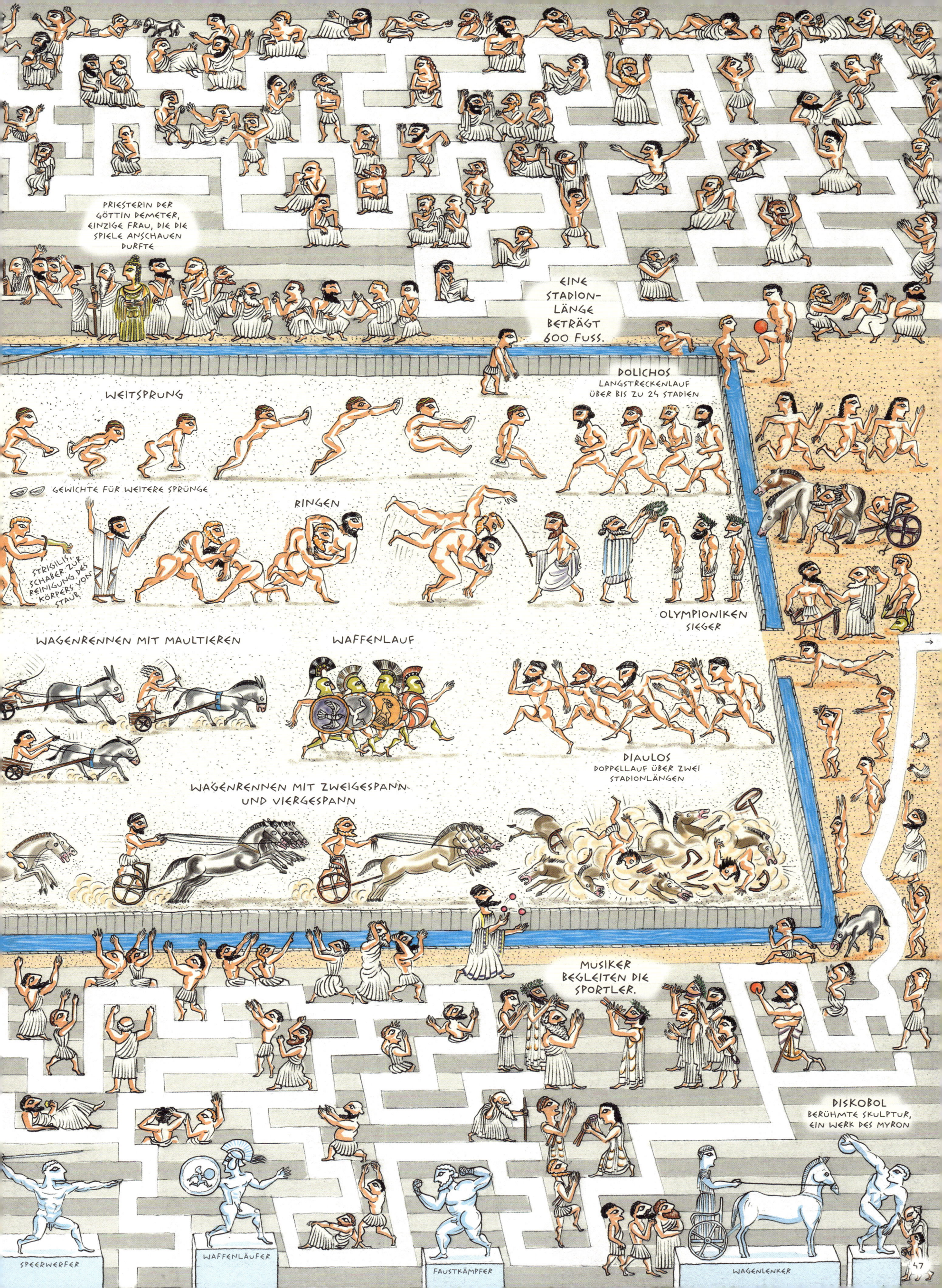

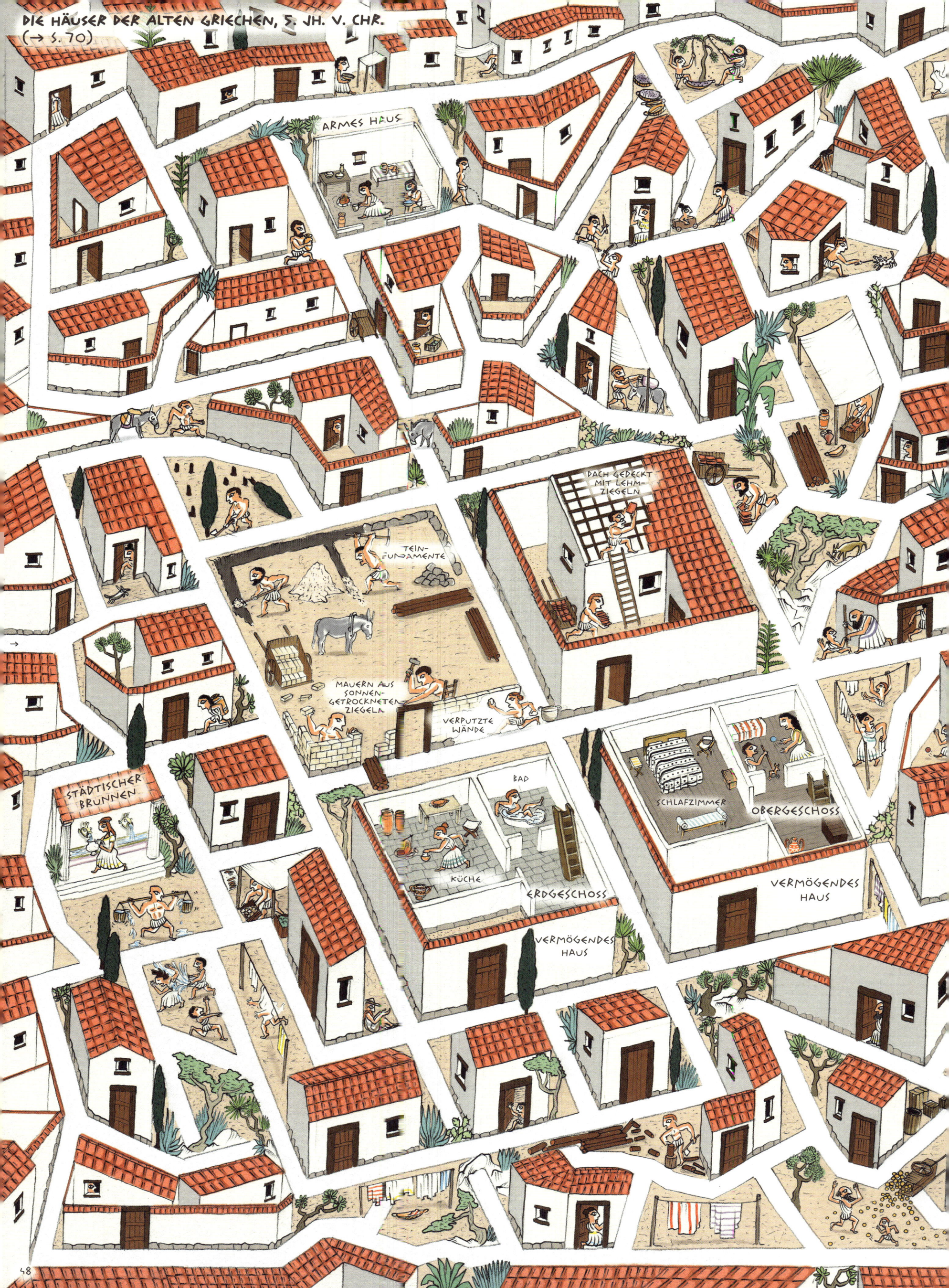

DAS GRIECHISCHE THEATER, 4. JH. V. CHR. (→ S.71)

SCHAUSPIELER UND CHOR FÜHREN EINE DER BERÜHMTESTEN KOMÖDIEN DES ANTIKEN GRIECHENLANDS AUF: „DIE FRÖSCHE" DES ARISTOPHANES.

DIE GRÖSSTEN GRIECHISCHEN DRAMATIKER (VERFASSER VON THEATERSTÜCKEN):
- THESPIS 6. JH. V. CHR.
- PHRYNICHOS 6./5. JH. V. CHR.
- AISCHYLOS 525–456 V. CHR.
- SOPHOKLES 496–406 V. CHR.
- EURIPIDES CA. 485–406 V. CHR.
- ARISTOPHANES CA. 445–CA. 385 V. CHR.
- MENANDER 342–291 V. CHR.

KRAN ZUM HOCHZIEHEN VON SCHAUSPIELERN

MASKE

REQUISITE

KOTHURN

CHOR

EHRENSITZE FÜR WÜRDENTRÄGER

BEVOR DAS THEATER ENTSTAND, GAB ES IN GRIECHENLAND AUFTRITTE VON CHÖREN, DIE ZU MUSIK SANGEN UND TANZTEN. ALS EIN SCHAUSPIELER DAZUKAM, WAR DAS THEATER GEBOREN.

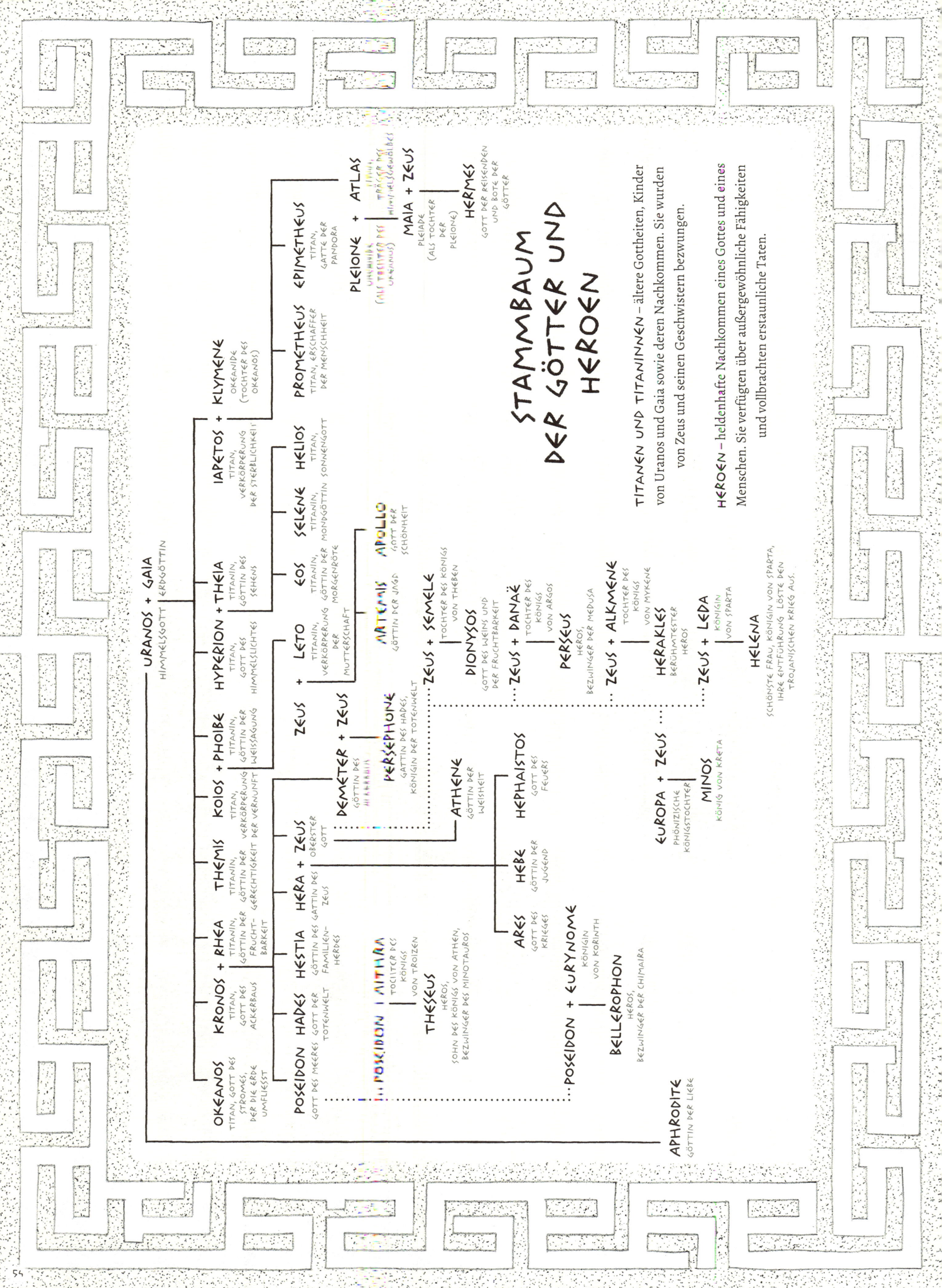

ERKLÄRUNGEN

DAS WELTBILD DER ALTEN GRIECHEN (→ S.6)

Die alten Griechen glaubten, die Welt würde von Göttern regiert, die jeweils für unterschiedliche Belange des menschlichen Lebens zuständig waren. Alles begann mit Gaia (die Erde) und Uranos (der Himmel) – dem ersten Götterpaar. Ihre Kinder waren die Titanen und Titaninnen, die einäugigen Zyklopen und die hundertarmigen Riesen. Uranos fürchtete sich jedoch vor seinen Kindern und stieß sie der Reihe nach in den Tartaros, den dunkelsten Teil der Unterwelt. Aber Kronos, der jüngste Titan, setzte sich auf Zureden seiner Mutter gegen den Vater zur Wehr. Er besiegte ihn und übernahm die Herrschaft über die Welt.

Aus Angst, dasselbe Schicksal zu erleiden wie sein Vater, verschlang Kronos seine Kinder direkt nach ihrer Geburt. Doch seine Frau Rhea konnte ein Kind retten: Zeus. Der wollte nun mit dem Vater abrechnen. Zuerst ließ er ihm listig ein Brechmittel verabreichen, sodass Kronos die verschlungenen Kinder Poseidon, Hades, Hera, Demeter und Hestia wieder ausspie. Danach herrschte Krieg. An der Seite von Kronos kämpften die Titanen, Zeus hatte seine Geschwister, die Zyklopen und die hundertarmigen Riesen hinter sich. Zeus siegte, stürzte Kronos in den Tartaros und war nun mächtiger als alle Götter, die zuvor die Welt regiert hatten. Sie lebten alle auf dem Olymp, dem höchsten Berg Griechenlands.

Die Götter mussten aber noch eine Schlacht schlagen. Die aus dem Blut des Uranos entstandenen Giganten griffen den Olymp an, um die Götter zu stürzen. Gaia, die Mutter der Titanen, half ihnen dabei. Die Giganten konnten nur mithilfe eines Menschen bezwungen werden, deshalb schaffte die Göttin Athene Herakles herbei (→ *Die zwölf Arbeiten des Herakles*, S. 56). So konnten die olympischen Götter wieder den Sieg davontragen.

Außer dem Olymp war der Himmel das Reich der Götter. Damit er nicht auf die Erde fiel, stützte ihn der Titan Atlas mit seinen Armen. Früher hatten das vier andere Titanen getan, aber die hatte Zeus im Krieg gegen die Titanen mit seinen Blitzen getötet.

Auf der Erde lebten die Menschen. Sie standen unter dem Schutz der olympischen Götter und versuchten, sie mit Opfergaben gütig zu stimmen. Unter der Erde breitete sich der Hades aus, das Totenreich, und noch weiter unten der Tartaros für diejenigen, die zu ewigen Qualen verdammt waren.

Heutiger Gebrauch:
Titan – jemand, der Außergewöhnliches geleistet hat.
Gigant – jemand, der beeindruckend groß und leistungsfähig ist

TYPHON (→ S.8)

Typhon reichte fast bis zum Himmel. Breitete er die Arme aus, konnte er die beiden Enden der Welt berühren. Er hatte hundert feuerspeiende Schlangenköpfe und ein Schlangengewirr statt Füßen. Angestachelt von seiner Mutter Gaia, wollte er die Götter des Olymps vernichten, nachdem diese die Giganten bezwungen hatten (→ *Das Weltbild der alten Griechen*, siehe oben). Zeus besiegte ihn und begrub ihn unter dem Ätna. Spuckte Typhon Feuer, züngelten Flammen aus dem Vulkan. Typhon war der Vater weiterer Ungeheuer: der Hunde Zerberos und Orthos, der Chimaira, der Lernäischen Hydra, des Adlers im Kaukasus (→ *Bestiarium*, S. 59) und des Nemëischen Löwen (→ *Die zwölf Arbeiten des Herakles*, S. 56).

PROMETHEUS UND DIE MENSCHEN (→ S.10)

Prometheus war ein Titan, ein Enkel des Uranos (→ *Das Weltbild der alten Griechen*, S. 55). Er hatte auch die Menschen erschaffen und beschützte sie. Als Zeus verlangte, dass die Menschen den Göttern Opfer bringen sollten, bereitete Prometheus zwei Gaben vor: das Fleisch eines Ochsen, bedeckt von Innereien, und die Knochen, bedeckt von Fett. Zeus durfte nun selbst entscheiden, was die Menschen opfern sollten. Da er unter dem Fett Fleisch vermutete, wählte er die Knochen. So hatten die Menschen das nahrhafte Fleisch fortan für sich.

In seinem Zorn auf Prometheus und die Menschen erschuf Zeus, unterstützt von anderen Göttern, die schöne Pandora und sandte sie auf die Erde. Zuvor gab er ihr aber noch ein verschlossenes Fässchen mit (eine »Büchse«). Niemand wusste, was darin war. Pandora heiratete den Bruder des Prometheus. Aus Neugierde öffnete sie die Büchse und brachte so sämtliche Übel in die Welt. Seither haben die Menschen zu leiden. Und Prometheus wurde von Zeus grausam bestraft ...

Heutiger Gebrauch:
Büchse der Pandora – Quell allen Übels

DIE ZWÖLF ARBEITEN DES HERAKLES (→ S.12)

Herakles war ein Heros, der Sohn eines Gottes (Zeus) und einer gewöhnlichen Sterblichen (Königin Alkmene). Er war berühmt für seine Stärke und seinen Mut, wurde aber von Zeus' eifersüchtiger Gattin Hera verfolgt. Sie stürzte ihn in einen Anfall von Wahnsinn, in dem er seine Frau und seine Kinder erschlug. Um für die Tat zu sühnen, begab er sich in die Dienste des Königs Eurystheus von Mykene. Eurystheus fürchtete sich vor dem mächtigen Heros, wollte ihn schnell wieder loswerden und trug ihm deshalb gefährliche Arbeiten auf. Die Ideen dazu bekam er von Hera.

2. DIE TÖTUNG DER LERNÄISCHEN HYDRA
Herakles schlug der Hydra (→ *Bestiarium*, S. 62) die Köpfe ab, aber sofort wuchsen neue nach. Also brannte er die Wunden mit einer Fackel aus. Den letzten, unsterblichen Kopf vergrub Herakles und wälzte einen Felsen darüber. Dann tauchte er seine Pfeile in das Gift der Bestie. Fortan verursachten sie unheilbare Wunden. Die Riesenkrabbe Karkinos unterstützte die Hydra. Mit ihren Scheren attackierte sie seine Füße. Herakles erschlug sie mit seiner Keule.

1. DIE ERLEGUNG DES NEMEÏSCHEN LÖWEN
Der schreckliche Löwe von Nemea war unverwundbar: Pfeile prallten ab, Schwerter verbogen, Keulen zersplitterten. Aber als der Löwe sich in einer Höhle mit zwei Ausgängen verkroch, verschloss Herakles den einen mit Felsbrocken, drang durch den anderen ein und erwürgte das Untier im Dunkeln.

3. DER FANG DES ERYMANTHISCHEN EBERS
Ein großer Eber vom Berg Erymanthos bedrohte Mensch und Tier. Herakles jagte ihn im Winter durch den tiefen Schnee, fesselte dann das geschwächte Tier und brachte es Eurystheus. Der König versteckte sich vor Angst in einem Fass.

4. DER FANG DER KERYNEÏSCHEN HINDIN

Die Hirschkuh mit dem goldenen Geweih und den bronzenen Hufen war Artemis, der Königin der Jagd, entwischt. Herakles jagte sie ein Jahr lang. Er verwundete sie am Bein, brachte sie lebend zu Eurystheus und ließ sie dann, auf Artemis' Wunsch, wieder frei.

5. DIE VERTREIBUNG DER STYMPHALISCHEN VÖGEL

Herakles scheuchte die blutrünstigen Stymphalischen Vögel (→ *Bestiarium*, S. 64) zunächst mit einer großen Klapper auf, dann erschoss er die meisten mit dem Bogen oder der Schleuder. Der Rest konnte fliehen.

6. DIE REINIGUNG DES AUGIASSTALLS

Augias, König von Elis, hielt seine große Rinderherde in einem riesigen Stall, den er nie ausmistete. Herakles sollte das an einem einzigen Tag erledigen. Kurzerhand riss er einen Teil der Mauern ein und hob einen Graben aus, sodass zwei nahe gelegene Flüsse durch den Stall geleitet wurden und den Mist wegspülten.

7. DIE BÄNDIGUNG DES KRETISCHEN STIERS

Der Kretische Stier war schön, aber wild. Er zertrampelte die Felder und verbrannte sie mit dem Feuer seiner Nüstern. Herakles bändigte ihn und brachte ihn lebend zu Eurystheus.

8. DIE BÄNDIGUNG DER ROSSE DES DIOMEDES

Diomedes, König der Bistonen, warf seine Gäste den Pferden zum Fraß vor. Als Herakles die Pferde aus dem Stall raubte, verfolgte ihn Diomedes. Der König verlor den Kampf und wurde von seinen Pferden verspeist, die Herakles dann in Eurystheus' Stall führen konnte.

9. DIE ERBEUTUNG DES GÜRTELS DER HIPPOLYTE

Hippolyte, Königin der Amazonen, eines kriegerischen Frauenvolkes, wollte Herakles den Gürtel überlassen, der ihr übermenschliche Kräfte verlieh. Hera hetzte die Amazonen gegen Herakles auf. Im Kampf kam Hippolyte um, Herakles nahm ihr den Gürtel ab und kehrte mit ihm nach Mykene zurück.

10. DER RAUB DER RINDER DES GERYON

Geryon war ein Riese mit drei zusammengewachsenen Leibern. Ein Hirte und der zweiköpfige Hund Orthos (→ *Bestiarium*, S. 62) hüteten sein Vieh. Herakles erschlug sie mit der Keule und führte die Herde fort. Als Geryon sich ihm in den Weg stellte, tötete er ihn mit seinen Giftpfeilen.

11. DAS PFLÜCKEN DER ÄPFEL DER HESPERIDEN

Hera besaß einen Baum mit goldenen Äpfeln. Er wurde von Nymphen, den Hesperiden, und dem schrecklichen Drachen Ladon bewacht. Herakles bat Atlas um Hilfe, den Titanen, der das Himmelsgewölbe trug. Er bot an, so lange für ihn einzupringen. Als Atlas zurück war, wollte er sich den Himmel nicht wieder aufhalsen. Da griff Herakles zu einer List und sagte, er müsse den Himmel nur noch einmal anders schultern. Atlas lud ihn sich wieder kurz auf, und Herakles suchte mit den Äpfeln das Weite.

12. DIE ENTFÜHRUNG DES ZERBEROS

Herakles musste seine ganze Kraft aufbringen, um den Hund Zerberos (→ *Bestiarium*, S. 64) zu bezwingen, der den Eingang ins Totenreich bewachte, und ihn dann zu Eurystheus zu tragen.

Heutiger Gebrauch:
Hydra – das Böse, das immer wieder sein Haupt erhebt
den Augiasstall ausmisten – gründlich aufräumen; durch Schlamperei oder Betrug entstandene Unordnung beseitigen, Ordnung wiederherstellen
Zerberos – scherzhaft: grimmiger Tür- oder Torhüter
Herkulesaufgabe – anstrengende, schwere und fast nicht zu bewältigende Aufgabe (Herkules ist der lateinische Name von Herakles.)

DAS LABYRINTH DES MINOTAUROS (→ S. 14)

König Minos sollte einen Stier opfern, den ihm Poseidon geschickt hatte. Aber er hielt nicht Wort. In seinem Zorn sorgte Poseidon dafür, dass sich Pasiphaë, die Frau des Minos, in den Stier verliebte. Mithilfe des Baumeisters Daidalos gab sie sich als Kuh aus. Bald kam als Sohn der Königin und des Stiers Minotauros zur Welt. Das war ein Ungeheuer, halb Mensch, halb Stier. Minos ließ ihn in einem Labyrinth einsperren (→ *Der Palast von Knossos*, S. 59) und forderte von den besiegten Athenern, ihm alle neun Jahre sieben Jungfrauen und sieben Jünglinge zu schicken, die dem Minotauros zum Fraß vorgeworfen wurden.
Beim dritten Mal gehörte auch Theseus, Sohn des Königs von Athen, dieser Gruppe an. Er wollte den Minotauros töten. Doch bevor er das Labyrinth betrat, steckte Minos' Tochter Ariadne ihm ein Wollknäuel zu, das ihr Geliebter am Eingang festknoten und dann abwickeln sollte, bis er beim Minotauros ankam. So konnte Theseus, nachdem er das Ungeheuer getötet hatte, entlang dem Faden leicht wieder hinausfinden.

Daidalos fiel bei Minos in Ungnade und wollte mit seinem Sohn Ikaros von Kreta fliehen. Sie bauten sich Flügel aus Federn und Wachs und flogen davon. Aber Ikaros flog so hoch, dass die Sonne das Wachs schmolz und er im Meer ertrank.

Heutiger Gebrauch:
Ariadnefaden – Hilfe in einer verworrenen Situation
Ikarosflug – tollkühnes Wagnis, das böse enden kann

DER LABYRINTH-TANZ (→ S. 16)

Als Theseus den Minotauros bezwungen und das Labyrinth glücklich wieder verlassen hatte (→ *Das Labyrinth des Minotauros*, siehe oben), tanzte er mit den geretteten jungen Athenern einen kunstvollen Tanz. Die Kreisbewegungen der Tanzenden folgten dabei dem Verlauf des Labyrinthes.

Einen solchen Labyrinth-Tanz hat es im antiken Griechenland mit Sicherheit gegeben. Er wird wohl zu religiösen Bräuchen oder Festen gehört haben, wie die meisten Tänze jener Zeit. Ob dabei Stiermasken getragen wurden, ist nicht bekannt. Aber bei Festen und Umzügen kamen manchmal Tiermasken zum Einsatz, es ist also durchaus denkbar.

DER PALAST VON KNOSSOS, 20.–14. JH. V. CHR. (→ S.18)

Der Palast von Knossos ist ein Denkmal der minoischen Kultur, die sich auf Kreta entwickelt hat (deshalb spricht man auch von kretischer Kultur). Sie zählt zu den ältesten Kulturen im Mittelmeerraum. Ihre Anfänge reichen ins Jahr 3000 v. Chr. zurück, also gut fünftausend Jahre (die Jahre vor Christi Geburt liegen vor dem Jahr 0, mit dem unsere Zeitrechnung beginnt).

Die Minoer bauten keine Festungsanlagen, sondern weitläufige Steinpaläste. Dazu zählte auch der um 2000 v. Chr. erbaute und etwa 1400 v. Chr. zerstörte Palast von Knossos. Er gilt als Herrschersitz und diente vermutlich als Vorbild für die mythische Gestalt des Königs Minos (→ *Das Labyrinth des Minotauros*, S. 58). Mit seinen zahllosen Gemächern erinnerte er an ein Labyrinth, besonders im unteren Geschoss, das aus unzähligen kleinen Wirtschaftsräumen, Werkstätten und Geschäften bestand, die durch schmale Gänge verbunden waren. Vielleicht entstand hier der Mythos vom Minotauros im Labyrinth?

In Knossos fanden Archäologen auch Münzen, auf denen ein Labyrinth und der Minotauros abgebildet waren. Außerdem gab es hier wie in anderen Denkmälern der minoischen Kultur zahlreiche symbolische Darstellungen von zweischneidigen Äxten und Stierhörnern. Der Stier muss für die Minoer ein wichtiges Tier gewesen sein – er ist in vielen Skulpturen und auf Fresken erhalten, auch auf der berühmten Wandmalerei mit den akrobatischen Stierspringern, die mit Sicherheit aus Knossos stammt.

Die Ruinen des Palastes von Knossos wurden Ende des 19. Jahrhunderts entdeckt. Später wurde er in Teilen wieder aufgebaut und zugänglich gemacht. Wie er insgesamt ausgesehen hat, wissen wir nicht. Die am Wiederaufbau beteiligten Wissenschaftler und Künstler haben ihn nach eigenen Vorstellungen gestaltet. Einige Wandmalereien konnten anhand kleiner Überreste wiederhergestellt werden, von anderen war gar nichts erhalten. Die Zeichnung in diesem Buch ist also kein genaues Abbild des Palastes, sie enthält neben Wandmalereien aus Knossos auch minoische Malereien aus anderen Denkmälern. Vielleicht sahen die nicht erhaltenen so ähnlich aus.

BESTIARIUM (→ S.20)

Ein Bestiarium ist eine Sammlung, die unterschiedliche Tiere, egal ob echt oder erfunden, zeigt und beschreibt.

Hier folgen nun einige der ausgefallenen Geschöpfe aus den griechischen Sagen:

ACHELOOS — Gott des Flusses Acheloos. Im Kampf mit Herakles verwandelte er sich zuerst in eine Schlange, dann in einen Stier. Als Herakles ihm ein Horn abbrach, gab er sich geschlagen.

ADLER IM KAUKASUS		Großer Adler, der auf Befehl von Zeus Prometheus täglich die nachwachsende Leber aushackte. Getötet von Herakles (→ *Prometheus und die Menschen*, S. 56).
AMALTHEIA		Die Ziege, die den kleinen Zeus gesäugt hatte, als er von Nymphen am Berg Ida auf Kreta aufgezogen wurde. Seine Mutter Rhea hatte ihn dort versteckt, nachdem sie ihn vor seinem Vater Kronos gerettet hatte (→ *Das Weltbild der alten Griechen*, S. 55). Als der kleine Zeus Amaltheia aus Versehen ein Horn abbrach, schenkte er es den Nymphen und sorgte dafür, dass es stets gefüllt war mit allem, was sein Besitzer nur wünschte. Seither wird es »Füllhorn« genannt.
CHARYBDIS		Meeresungeheuer, das gemeinsam mit Skylla (→ S. 63) Seefahrern auflauerte. Charybdis verschlang die Schiffe mit riesigen Mengen Meerwasser. Odysseus fuhr zwischen Skylla und Charybdis hindurch (→ *Die Odyssee, Teil III*, S. 67).
CHIMAIRA		Feuerspeiendes Mischwesen aus Löwe, Ziege und Schlange, Bellerophon tötete es auf dem Pegasos (→ S. 63).
CHRYSOMALLOS		Fliegender Widder, dessen goldenes Fell die Argonauten jagten (→ *Die Jagd nach dem Goldenen Vlies*, S. 65)
DRACHE AUS DEM ARES-HAIN		Bewachte das an einer Eiche im Hain des Kriegsgottes Ares hängende goldene Widderfell. Die Zauberin Medea schläferte ihn ein, sodass Jason das Goldene Vlies erbeuten konnte (→ *Die Jagd nach dem Goldenen Vlies*, S. 65).
DRACHEN MEDEAS		Drachenpaar vor dem Wagen der Zauberin Medea (→ *Die Jagd nach dem Goldenen Vlies*, S. 65).

	DRACHE VON THEBEN	Bewachte eine Quelle nahe der Stelle, wo später die Stadt Theben entstand. Kadmos, der Begründer Thebens, tötete den Drachen, um Wasser schöpfen zu können, und streute seine Zähne aus. Daraus wuchsen Krieger, die sofort gegeneinander kämpften. Die fünf Überlebenden halfen Kadmos, Theben aufzubauen.
	GREIF	Mischwesen mit Löwenleib sowie Kopf und Flügeln eines Adlers. Der Gott Apollo ritt auf ihm.
	HARPYIE	Dämoninnen mit Frauenkopf und Vogelleib mit scharfen Krallen, quälten die in den Tartaros verschleppten Seelen (→ *Das Weltbild der alten Griechen*, S. 55)
	HIPPALEKTRYON	Rätselhaftes Mischwesen, halb Pferd, halb Hahn
	HIPPOKAMP	Hippokampen sind Meeresbewohner, halb Pferd, halb Fisch. Sie wurden vor den Wagen des Meeresgottes Poseidon gespannt.
	ICHTHYOZENTAUR	Ichthyozentauren sind halb Mensch, halb Fisch und haben die Vorderbeine von Pferden. Im Meer bildeten sie mit Hippokampen (siehe oben) und Tritonen (→ *Triton*, S. 64) das Gefolge des Meeresgottes Poseidon.
	KALYDONISCHER EBER	Riesiger Eber, den die Jagdgöttin Artemis auf die Erde sandte, nachdem der König von Kalydon ihr kein Opfer gebracht hatte. Der Eber richtete großen Schaden an, bis viele berühmte Heroen Jagd auf ihn machten und ihn töteten.

	KEKROPS	Halb Mann, halb Drache, Sohn der Erdgöttin Gaia. Gründete die Burg Kekropia, aus der später Athen hervorging. Lehrte die Menschen schreiben.
	KETOS	Eines dieser Meeresungeheuer tötete Perseus, ein anderes Herakles.
	LERNÄISCHE HYDRA	Ungeheuer in den Sümpfen von Lerna mit Schlangenkörper und vielen Köpfen. Abgeschlagene Köpfe wuchsen nach, einer war sogar unsterblich. Die Hydra tötete mit ihrem Atem und mit Gift. Herakles bezwang sie (→ *Die zwölf Arbeiten des Herakles*, S. 56).
	MEDUSA	Die jüngste und schrecklichste der drei entsetzlichen Gorgonen-Schwestern. Sie hatten mächtige Flügel, riesige Köpfe, Schlangenhaare, Glubschaugen und Schweinshauer. Ihr Blick ließ Menschen versteinern. Der Heros Perseus enthauptete die Medusa. Ihr Anblick wirkte aber auch dann noch tödlich, deshalb heftete die Göttin Athene das Medusenhaupt zur Abschreckung an ihren Schild.
	MINOTAUROS	→ *Das Labyrinth des Minotauros*, S. 58
	ORTHOS	Zweiköpfiger Hund, bewachte das Vieh Geryons. Wurde von Herakles getötet (→ *Die zwölf Arbeiten des Herakles*, S. 57).
	PAN	Halb Mensch, halb Ziegenbock. Fruchtbarkeitsgott, Beschützer der Hirten und Herden. Spielte verschiedene Flöten, besonders die Syrinx – ein Instrument aus unterschiedlich langen Schilfrohren, auch Panflöte genannt.

	PEGASOS	Geflügeltes Pferd, geboren aus dem Blut der Medusa (→ S. 62), nachdem Perseus sie enthauptet hatte. Der Heros Bellerophon ritt auf ihm. Später diente Pegasos Zeus und wurde zum Dank nach seinem Tod in ein Sternbild verwandelt.
	POLYPHEM	Ein Zyklop, ein Riese mit nur einem Auge mitten auf der Stirn. Odysseus musste gegen ihn kämpfen (→ *Die Odyssee, Teil I*, S. 67).
	PYTHON	Ungeheuer in Gestalt einer Riesenschlange. Bewachte den Tempel der Themis (Göttin der Gerechtigkeit) in Delphi. Der Gott Apollo tötete Python und begrub ihn unter dem Omphalos-Stein, der als Nabel der Welt galt, als Mitte der Erde.
	SATYR	Die Satyrn waren halb Mensch, halb Tier. Sie hatten spitze Ohren, Esels- oder Pferdeschweife und häufig die Füße eines Ziegenbocks. Sie gehörten zum Gefolge des Wein- und Fruchtbarkeitsgottes Dionysos. Die Satyrn tanzten und flöteten gern und tranken viel Wein.
	SIRENEN	Meeresbewohnerinnen, halb Frau, halb Vogel. Brachten Seefahrer durch ihren bezaubernden Gesang dazu, mit ihren Schiffen an Felsen zu zerschellen. Nur Odysseus (→ *Die Odyssee, Teil III*, S. 67) und die Argonauten (→ *Die Jagd nach dem Goldenen Vlies*, S. 65) kamen heil an ihren Inseln vorbei. Die Argonauten rettete Orpheus: Mit seinem schönen Leierspiel übertönte er den Sirenengesang.
	SKYLLA	Meeresungeheuer, das gemeinsam mit Charybdis Seefahrern auflauerte. Skylla hatte viele Köpfe und Pfoten mit scharfen Krallen. Sie verschlang alles, was ihr zu nahe kam. Odysseus fuhr zwischen Skylla und Charybdis hindurch (→ *Die Odyssee, Teil III*, S. 67).
	SPHINX	Ungeheuer mit Frauenkopf, Löwenleib und Vogelflügeln. Die Sphinx saß auf einem Felsen in der Nähe von Theben, gab Reisenden ein Rätsel auf und verschlang alle, die es nicht lösen konnten. Nur Ödipus wusste die Antwort (→ *Ödipus*, S. 68). Da stürzte sich die bezwungene Sphinx in den Abgrund.

STIER DER EUROPA		Schneeweißer Stier, in den sich Zeus verwandelte, um die schöne Königstochter Europa zu entführen. Er schwamm mit ihr nach Kreta, wo sie Zeus den Sohn Minos gebar, der später König wurde (→ *Das Labyrinth des Minotauros*, S. 58, *Der Palast von Knossos*, S. 59). Die Götter setzten den Stier als Sternbild an den Himmel.
STYMPHALISCHE VÖGEL		Vögel am See Stymphalos mit eisernen Schnäbeln und scharfen Federn, mit denen sie Menschen töteten wie Bogenschützen. Fleischfresser. Herakles vertrieb sie (→ *Die zwölf Arbeiten des Herakles*, S. 57).
TRITON		Meeresgottheit, halb Mensch, halb Fisch. Sohn und Untertan des Meeresgottes Poseidon. Ließ das Meer aufwallen oder sich beruhigen. Auch die Mischwesen im Gefolge Poseidons wurden Tritonen genannt.
TYPHON		→ *Typhon*, S. 55
ZENTAUR		Zentauren waren wilde Geschöpfe, halb Mensch, halb Pferd.
ZERBEROS		Dreiköpfiger Hund mit Schlangenschwanz und Schlangenmähne, wachte am Eingang zum Hades, dem Reich der Toten. Er ließ niemanden lebend hinein und fiel die Toten an, die hinauswollten. Nur Orpheus konnte ihn mit Gesang und Leierspiel besänftigen und Herakles ihn bezwingen (→ *Die zwölf Arbeiten des Herakles*, S. 58).

DIE ARGO (→ S.22)

Die Argo wurde von ihrem Namensgeber Argos erbaut. Über den Bau wachte Athene, die Göttin der Weisheit und des gerechten Krieges. Bei der Jagd nach dem Goldenen Vlies (→ *Die Jagd nach dem Goldenen Vlies*, siehe unten) waren große Heroen wie Herakles (→ *Die zwölf Arbeiten des Herakles*, S. 56) oder Theseus (→ *Das Labyrinth des Minotauros*, S. 58) an Bord. Zur Besatzung gehörte auch Orpheus, dessen Gesang die Wellen beschwichtigen konnte.

DIE JAGD NACH DEM GOLDENEN VLIES (→ S.24)

Aison, der König von Iolkos, wurde durch seinen Halbbruder Pelias vom Thron verdrängt. Als aber Aisons Sohn Jason herangewachsen war, erinnerte er sich an die ihm zustehende Macht. Pelias lenkte ein, unter einer Bedingung: Jason sollte ihm das Goldene Vlies bringen, das goldene Fell des Widders Chrysomallos (→ *Bestiarium*, S. 60). Es hing an einer Eiche im Hain des Kriegsgottes Ares in Kolchis und wurde von einem Drachen bewacht (→ *Bestiarium*, S. 60). Jason scharte also die berühmtesten Heroen um sich und machte sich mit der Argo (→ *Die Argo*, siehe oben) auf den Weg.

Ihre Reise war abenteuerlich. So mussten die Argonauten ihr Schiff durch die Symplegaden steuern, ohne zwischen den Felsen zerquetscht zu werden. Den entscheidenden Rat erhielten sie vom Seher Phinëus, dem sie zuvor geholfen hatten: Sie ließen eine Taube zwischen die Felsen fliegen, warteten, bis sie sich wieder auseinanderbewegten, und fuhren dann schnell hindurch.

Endlich in Kolchis angekommen, musste Jason die gefährlichen Aufgaben erledigen, die ihm der dortige König Aietes auferlegte und dann noch gegen den Drachen kämpfen, der das Vlies bewachte. Das gelang ihm nur dank Aietes Tochter Medea. Sie verließ Kolchis an Jasons Seite.

Auch auf dem Heimweg lauerten viele Gefahren. Hier halfen ihnen Meeresnymphen, die Nereiden, an weiteren gefährlichen Felsen vorbei. In Iolkos übergab Jason Pelias das Goldene Vlies und übernahm dann, mit Medeas Hilfe, die Macht.

DER TROJANISCHE KRIEG, TEIL I: DER ANGRIFF DER ACHAIER (→ S.26)

Was war der Grund für den Krieg zwischen den Achaiern (den Griechen) und der Stadt Troja? Zu Beginn stritten drei Göttinnen darüber, wer die Schönste sei: Hera, die Gattin des Zeus, Aphrodite, die Göttin der Liebe, und Athene, die Göttin der Weisheit. Paris, Sohn des trojanischen Königs Priamos, sollte das Urteil fällen. Er entschied sich für Aphrodite, die ihm versprach, er werde dafür Helena erobern, die schönste Frau in ganz Griechenland. Weil aber Helena die Gattin des spartanischen Königs Menelaos war, musste Paris sie rauben. Daraufhin rief Menelaos die Truppen der Achaier zu Hilfe und fuhr nach Troja, um seine Geliebte zurückzuholen.

DER TROJANISCHE KRIEG, TEIL II: DIE BELAGERUNG (→ S.28)

Als die Schiffe der Achaier Troja erreichten, wollte niemand an Land gehen, da das Orakel (→ *Ödipus*, S. 68) demjenigen den Tod prophezeit hatte, der als erster den Fuß auf trojanischen Boden setzen würde. Protesilaos, der dann doch ans Ufer sprang, war tatsächlich kurz darauf tot. Damit begann die Belagerung Trojas.

Agamemnon, der Bruder des Menelaos, führte in diesem Krieg die Achaier an, in deren Reihen herausragende Krieger kämpften. Der bekannteste war Achilles, der unverwundbar war, seit seine Mutter ihn als Kind in den Styx getaucht hatte (den Fluss, den die Toten auf ihrem Weg in den Hades überqueren). Sie hatte ihn an der Ferse festgehalten, nur dort war er noch verwundbar, und genau dort traf ihn schließlich der tödliche Pfeil. Großtaten vollbrachten aber auch Diomedes, Odysseus oder der Achilles in seiner Tapferkeit kaum nachstehende Ajax, der sich gegen Ende des Krieges das Leben nahm. Er tötete sich aus Scham, nachdem er in einem Anfall von Raserei eine Herde Schafe niedergemetzelt hatte, die er für feindliche Soldaten gehalten hatte.

An der Spitze der Trojaner stand Priamos, der alte König Trojas. Er wurde unterstützt von seinen Söhnen, dem mutigen Hektor, der die Truppen anführte und dem feigen Paris, der den Krieg über sein Land gebracht hatte. Auch die Götter mischten auf beiden Seiten mit.

Lange hielt man Troja selbst für einen Mythos. Aber Ende des 19. Jahrhunderts entdeckte der deutsche Hobbyarchäologe Heinrich Schliemann im Nordwesten der Türkei die Ruinen einer antiken Stadt, die heute als Überbleibsel von Troja gelten. Der Mythos könnte also einen wahren Kern haben.

Heutiger Gebrauch:
Achillesferse – Schwachstelle eines Menschen, aber auch der einer Maschine oder eines Systems

DER TROJANISCHE KRIEG, TEIL III: DIE EROBERUNG (→ S.30)

Der Weissagung nach konnte Troja nicht erobert werden, solange sich das heilige Götterbild der Pallas Athene dort befand. Also raubten es Diomedes und Odysseus. Aber der Krieg hätte wohl noch lange gedauert, wären die Achaier nicht auf eine List verfallen. Odysseus riet ihnen, aus Holz ein großes Pferd zu bauen, in dem sich eine Gruppe Krieger verstecken sollte. Sie gaben es als Dankopfer an Athene für eine sichere Heimfahrt aus, stellten es vor den Mauern Trojas auf und taten so, als wären sie abgezogen. Die Seherin Kassandra, eine Tochter des Königs Priamos, warnte davor, das Pferd in die Stadt zu ziehen, ebenso der Apollopriester Laokoon. Aber niemand hörte auf ihre mahnenden Worte. In der Nacht stiegen die verborgenen Krieger heraus und öffneten den anderen Griechen das Tor. So siegten die Achaier, und Menelaos hatte Helena zurück.

Heutiger Gebrauch:
Trojanisches Pferd, Trojaner – etwas, das anderen zu deren Schaden untergejubelt wird
Kassandraruf – Warnung vor drohendem Unheil

DIE ODYSSEE, TEIL I: DIE INSEL DER ZYKLOPEN (→ S.32)

Odysseus, König von Ithaka, machte sich nach dem Trojanischen Krieg (→ *Der Trojanische Krieg*, S. 65-66) mit zwölf Schiffen auf die Heimfahrt. Er hoffte, in zwei Wochen wieder in seinem Reich zu sein, die Reise sollte aber zehn Jahre dauern! Und sie war reich an Gefahren und Abenteuern. Schuld daran war der Zyklop Polyphem (→ *Bestiarium*, S. 63), dem Odysseus, nachdem er ihn überlistet hatte, unvorsichtigerweise seinen Namen verraten hatte. Polyphem sann auf Rache. Er betete zum Meeresgott Poseidon, dass dieser Odysseus verfluche: Sollte der König von Ithaka überhaupt wieder heimkehren, so nur nach langer Reise, ohne Gefährten und Beute, auf einem fremden Schiff, und zu Hause sollte ihm Ärger drohen. Poseidons Fluch erfüllte sich.

DIE ODYSSEE, TEIL II: DIE INSEL AIAIA (→ S.34)

Als die Mannschaft des Odysseus auf der Insel Aiaia ankam, hielten alle sie zunächst für unbewohnt. Aber bald stellte sich heraus, dass hier die schöne Zauberin Kirke lebte, eine Tochter des Sonnengottes Helios. Mitten auf der Insel stand ihr prächtiger Palast, um den sich von ihr gezähmte wilde Tiere tummelten. Kirke gebar Odysseus einen Sohn: Telegonos. Als der König von Ithaka weiterzog, riet sie ihm, den Hades zu besuchen, das Totenreich.

DIE ODYSSEE, TEIL III: NACH ITHAKA (→ S.36)

Odysseus kam in das in Finsternis getauchte Reich der Kimmerier, das am Eingang zum Hades lag. Dort brachte er ein Opfer dar, um die Seele des Sehers Teiresias heraufzubeschwören. Er ließ ihn vom Blut des Opfertieres trinken und erfuhr im Gegenzug, wie gefährlich seine Rückkehr nach Ithaka war. Im Hades begegnete Odysseus noch weiteren Toten, etwa Achilles oder seiner eigenen Mutter, von deren Tod er noch gar nichts gewusst hatte.

Auf seiner Weiterfahrt warteten die nächsten Gefahren, am bedrohlichsten waren die Insel der Sirenen (→ *Bestiarium*, S. 63), sowie Skylla und Charybdis (→ *Bestiarium*, S. 63 und 60).

Endlich kam er wieder nach Ithaka, wo Penelope all die Jahre auf ihn gewartet hatte. Sie musste unterdessen die vielen Freier abwehren, die beharrlich um ihre Hand anhielten. Sie erzählte ihnen unter anderem, sie werde erst wieder heiraten, wenn sie das Totentuch für ihren alten Schwiegervater Laërtes fertiggewebt habe und löste drei Jahre lang jede Nacht wieder auf, was sie tagsüber gewebt hatte.

Bevor Odysseus vor Penelope erscheinen konnte, musste er die Freier aus dem Weg schaffen. Sie glaubte auch nicht sofort, dass ihr Mann wirklich zurück war, und fürchtete, ein Gott könnte seine Gestalt angenommen haben. Aber zum Glück ging dann doch alles gut aus.

Heutiger Gebrauch:
Sirenengesang – betörend schöner Gesang
zwischen Skylla und Charybdis – in einer ausweglosen Lage, zwischen zwei Übeln
bezirzen – nach Kirke/Circe: verführen, bezaubern
Odyssee – lange, mühselige Reise

SISYPHOS (→ S.38)

Sisyphos, König von Korinth, war ein Liebling der Götter. Als er aber den Menschen ein Geheimnis des Zeus verriet, schickte dieser Thanatos zu ihm, den Totengott, der ihn holen sollte. Sisyphos konnte den göttlichen Gesandten jedoch fesseln. Als die Götter mitbekamen, dass die Menschen nicht mehr starben, befreiten sie Thanatos und nahmen Sisyphos das Leben. Aber Sisyphos überlistete sie ein weiteres Mal. Er hatte vorher seiner Frau befohlen, ihn nicht ordentlich zu begraben, und konnte deshalb den Herrn des Hades überzeugen, ihn auf die Erde zurückzulassen, damit er sich um eine anständige Beerdigung kümmern konnte. Aus dem Totenreich entlassen, versteckte er sich und lebte noch lange unbehelligt weiter. Bis sich die Götter an den Flüchtigen erinnerten und ihm eine ewige Strafe auferlegten: Er musste einen Felsblock einen Berg hinaufwälzen, der ihm immer kurz vor dem Gipfel aus der Hand rutschte und zurück ins Tal rollte.

Heutiger Gebrauch:
Sisyphusarbeit – anstrengende Arbeit, die ohne Ergebnis bleiben muss

ÖDIPUS (→ S.40)

Im antiken Griechenland gab es die Orakel, heilige Stätten, an denen die Götter durch ihre Priester den Menschen die Zukunft vorhersagten und ihnen Ratschläge erteilten, wie man damals glaubte. Eines der wichtigsten Orakel befand sich im Apollotempel in Delphi. Aus ganz Griechenland kamen Pilger hierher. Das Orakel war so berühmt, dass es sogar in wichtigen Staatsangelegenheiten befragt wurde. Auch in der Ödipus-Geschichte wird es zu Rate gezogen.

Die Befragung des Orakels von Delphi folgte einem genau geregelten Ablauf. Bevor die Fragen gestellt werden konnten, musste die Priesterin Pythia, die als Sprachrohr des Orakels diente, ein Bad in der nahe gelegenen heiligen Quelle Kastalia nehmen, und es musste ein Opfer gebracht werden.

Heute sind in Delphi nur noch die Ruinen des Tempels und anderer antiker Bauwerke zu sehen. Archäologen haben dort viele wichtige Funde gemacht. Besonders kostbar ist die Bronzestatue des Wagenlenkers von Delphi.

Das griechische Wort »Ödipus« bedeutet so viel wie »Schwellfuß«. Das Königspaar von Korinth gab seinem Ziehsohn diesen Namen, da er mit wunden, geschwollenen Füßen zu ihnen gebracht worden war. König Laios hatte nämlich befohlen, dem Kind die Füße zu durchstechen und zusammenzubinden, bevor es ausgesetzt wurde.

DIE SCHMIEDE DES HEPHAISTOS (→ S.42)

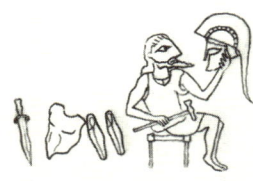

Hephaistos, ein Sohn von Zeus und Hera, war der Gott des Feuers und der Schmiede. Hinkend und unansehnlich, hielt er sich von den anderen Göttern fern. Aber er war ausgesprochen fleißig und arbeitete Tag und Nacht in seiner Schmiede. Sie soll sich tief im Vulkan Ätna auf Sizilien befunden haben, in dem auch Typhon gefangen gehalten wurde (→ *Typhon*, S. 55).

Hephaistos schmiedete metallene Gegenstände für Götter und Heroen, zum Beispiel einen goldenen Thron, der jeden fesselte, der sich auf ihn setzte. Er schenkte ihn seiner Mutter, die ihn als Kind verstoßen hatte, weil er hinkte. Als Hera auf dem Thron Platz nahm, legten sich die Ketten um sie, und niemand konnte sie befreien.

Hephaistos bekam in seiner Schmiede Unterstützung von den Zyklopen (→ *Das Weltbild der alten Griechen*, S. 55) und von seinen Söhnen, den „Kabiren" genannten Zwerggottheiten.

DER KOLOSS VON RHODOS, 3. JH. V. CHR. (→ S.44)

Diese riesige Statue stand an der Hafeneinfahrt der Insel Rhodos. Sie wurde in den Jahren 292–280 v. Chr. nach einem Entwurf des Chares von Lindos aus Bronze und Eisen gegossen. Mit rund 30 Metern war sie ungefähr so hoch wie ein zehnstöckiges Gebäude. Im Jahr 224 v. Chr. stürzte der Koloss bei einem Erdbeben ein und wurde nicht wieder aufgebaut. Er zählt zu den sieben Weltwundern der Antike.

DIE OLYMPISCHEN SPIELE, 5. JH. V. CHR. (→ S.46)

Im antiken Griechenland fanden vielerorts jährlich Spiele statt, sportlich-artistische Wettkämpfe zu religiösen Festen. Die wichtigsten wurden alle vier Jahre zu Ehren des Zeus in Olympia ausgerichtet (daher der Name). Der Zeitraum zwischen den Spielen hieß Olympiade und diente auch zur Zeitrechnung. So sagte man beispielsweise, ein Ereignis habe sich im dritten Jahr der 34. Olympiade zugetragen.

Die Olympischen Spiele fanden von 776 v. Chr. bis 393 n. Chr. regelmäßig statt, also über 1100 Jahre! Sie dauerten jeweils fünf bis sieben Tage. In dieser Zeit kamen Athleten und Zuschauer aus ganz Griechenland nach Olympia. Der Termin der nächsten Spiele bestimmte auch den Zeitraum eines Waffenstillstands für ganz Griechenland – ein olympischer Friede, der alle kriegerischen Handlungen untersagte. Er umfasste etwa zwei Monate, schloss also auch die Zeit der An- und Abreise mit ein.

Unweit des Zeus-Tempels gab es in Olympia eine Zeltstadt für Pilger und Zuschauer. Daneben befanden sich die ausgedehnten Sportanlagen: ein Stadion mit Tribüne für Tausende Zuschauer, das Hippodrom für

Pferde- und Wagenrennen, Gymnasion und Palästra als Trainingsstätten sowie Werkstätten für Bildhauer und Bäder.

An den Spielen nahmen ausschließlich Männer teil. Die Athleten traten nackt auf. Im antiken Griechenland waren Schönheit und körperliche Leistungsfähigkeit von großer Bedeutung, daher genossen die siegreichen Olympioniken großes Ansehen und brachten Ruhm über ihre Heimatstadt. Außer einem Kranz aus Ölbaumzweigen erhielten sie keinerlei Belohnung, aber sie wurden besungen und sogar mit Denkmälern geehrt. Die Verzeichnisse der Sieger von vor 2.500 Jahren haben bis heute überdauert!

Unsere heutigen Olympischen Spiele gehen auf die antiken Spiele zurück. Die ersten Sommerspiele der Neuzeit fanden 1896 in Athen statt, die ersten Winterspiele 1924 in Chamonix.

DIE HÄUSER DER ALTEN GRIECHEN, 5. JH. V. CHR. (→ S.48)

Die Straßen in den Städten waren schmal und gewunden. Sie waren gesäumt von Häusern aus sonnengetrockneten Lehmziegeln. Die wenigen, kleinen Fenster hatten keine Scheiben, Fensterglas konnte man damals noch nicht herstellen.

In den ärmsten Häusern gab es für die gesamte Familie nur einen Raum. Wer vermögender war, lebte meist auf mehreren Stockwerken: Im Erdgeschoss lagen die Küche mit der Feuerstelle, Wirtschaftsräume und Bad, im Obergeschoss die Wohnräume mit Holzboden. Manchmal wurde noch ein Raum als Werkstatt oder Geschäft genutzt. Die Ausstattung war eher bescheiden – schlichte Holzmöbel, Stoff und Tongefäße. Wasser gab es an Brunnen in der Stadt, die allen zugänglich waren.

Bei vielen Häusern war der Innenhof mit Steinplatten ausgelegt. Von dort ging häufig eine Treppe zu einem Holzbalkon, der in die Räume im Obergeschoss führte.

Die Reichen wohnten in großen, mehrstöckigen Häusern mit eigenem Brunnen im Innenhof. Ihre Häuser hatten viele Zimmer, auch für die Bediensteten. Im Erdgeschoss lag der Andron, das Männergemach. Seine Wände waren mit Malereien geschmückt, der Fußboden mit Mosaiken. In den Androne s fanden Zusammenkünfte, sogenannte Symposien, statt, bei denen die Männer auf Liegen speisten und Wein tranken, redeten, Gedichte vortrugen und sangen. Im Obergeschoss befand sich neben Schlaf- und weiteren Zimmern auch das Gynaikeion, das Frauengemach. Dort waren die Frauen mit den Kindern, sowie mit Weben und Hausarbeiten beschäftigt. In den Häusern der Reichen waren auch die Bäder mit Toilette und im Boden eingelassener Wanne mit Mosaiken versehen.

DIE AKROPOLIS IN ATHEN, 5.-4. JH. V. CHR. (→ S.50)

Die alten Griechen nannten eine auf einer Anhöhe gelegene Oberstadt Akropolis. Die berühmteste griechische Akropolis ist die von Athen. Im 5. Jh. v. Chr. entstand dort eine Gruppe von Gebäuden, von denen die meisten der Schutzpatronin der Stadt,

Athene, gewidmet waren, der Göttin der Weisheit und Gerechtigkeit. Die Gebäude wurden überragt vom Parthenon-Tempel, der heute zu den bedeutendsten Architekturdenkmälern der Weltgeschichte zählt.

Alle vier Jahre wurde in Athen ein großes Fest zu Ehren der Athene ausgerichtet: die Panathenäen. Seinen Höhepunkt bildete ein Umzug, bei dem Opfergaben für die Königin durch die Stadt zum Parthenon getragen wurden. Dort bekam das Athenestandbild ein neues, kunstvoll besticktes Gewand und weitere Gaben. Während der Panathenäen fanden auch künstlerische und sportliche Wettkämpfe in verschiedenen Disziplinen statt, Fackellauf und Waffentanz waren allein den Athenern vorbehalten. Die Sieger bekamen Panathenäische Amphoren, bauchige Gefäße mit Olivenöl aus den heiligen Hainen.

Ein Großteil des Parthenons und weitere Tempel- und Gebäuderuinen der Akropolis haben bis in unsere Zeit überdauert. Die erhaltenen Skulpturen sind im Akropolismuseum in Athen zu bewundern.

DAS GRIECHISCHE THEATER, 4. JH. V. CHR. (→ S.52)

Im antiken Griechenland wurden Theater meist am Fuß eines Berges gebaut und die Ränge den Hang hinauf angelegt. So waren die Schauspieler gut zu hören – jedes Wort auf der Bühne war auch noch in den letzten Reihen zu verstehen, obwohl unter freiem Himmel gespielt wurde. Die Schauspieler waren weithin gut zu sehen, da sie große, auffällige Masken trugen (die die Stimmen zusätzlich verstärkten), dazu grelle Kostüme und Kothurne, Schnürschuhe mit hohen Absätzen. Sämtliche Rollen wurden von Männern gespielt, für Frauenrollen setzten sie einfach die passenden Masken auf.

Die Regeln für das griechische Theater haben sich mit der Zeit verändert. Zunächst durfte immer nur ein Schauspieler auf der Bühne stehen, später zwei, zuletzt drei gleichzeitig. Die Schauspieler begleitete ein 12–24 Stimmen zählender Chor zu beiden Seiten der Orchestra, einer kreisförmigen Spielfläche vor der Bühne. Er kommentierte das Geschehen. Gezeigt wurden Tragödien (ernste Stücke mit schlimmem Ausgang) und Komödien (lustige Stücke mit glücklichem Ausgang), die Themen entstammten meistens der Mythologie.

In der Hochzeit des griechischen Theaters fanden zweimal jährlich Aufführungen statt – zu den Festen für Dionysos. In Athen gab es dann einen Wettstreit der Stückeschreiber, bei dem Schauspieler die neuen Werke dem Publikum präsentierten.

Im antiken Theater kamen auch Maschinen für Spezialeffekte zum Einsatz. Zum Beispiel ein Kran, der Schauspieler an einem Seil über der Bühne schweben lassen konnte. So wurden Götterfiguren dargestellt. Da sie immer unvermittelt auftauchten, wurden solche Auftritte später als Deus ex Machina bezeichnet, als »Gott aus der Maschine«.

Ruinen antiker Theater haben bis heute überdauert. Eines der größten und am besten erhaltenen ist das Theater in Epidauros aus dem 4. Jh. v. Chr. Auf der Tribüne hatten 14.000 Zuschauer Platz! Trotzdem war ein Flüstern oder eine klirrende Münze auf der Bühne bis in die letzten Ränge zu hören.

Heutiger Gebrauch:
Deus ex Machina – überraschende Lösung einer ausweglosen Situation

Jan Bajtlik, geboren 1989 in Warschau, studierte Grafikdesign an der dortigen Kunstakademie. Er veröffentlicht Bücher für Kinder, schafft Plakate und Illustrationen, erfindet Schriften und führt Typographie-Workshops für Kinder durch. Für ein typographisches Mitmachbuch zeichnete ihn 2015 die Kinderbuchmesse Bologna aus. Er illustriert für das Time Magazine und die New York Times und arbeitet auch für das Modehaus Hermès. Mehrfach erhielt er internationale Auszeichnungen und liebt das Reisen, Klettern und Marathonlaufen.

Thomas Weiler, geboren 1978 im Schwarzwald, studierte Übersetzen in Leipzig, Berlin und St. Petersburg. Er lebt als Literaturübersetzer aus dem Polnischen, Russischen und Belarussischen mit seiner Familie in Markkleeberg, südlich von Leipzig.

Die Illustrationen in diesem Buch verweisen auf zahlreiche Vasenmalereien, Fresken (Wandmalereien) und Skulpturen aus dem antiken Griechenland. Diese Kunstwerke sind u.a. in den Sammlungen des Archäologischen Nationalmuseums, des Akropolismuseums, des Agoramuseums (alle in Athen), des archäologischen Museums Delphi, des Archäologischen Museums Heraklion, des Pariser Louvre, des British Museum in London, der Vatikanischen Museen in Rom, des Alten Museums und des Pergamonmuseums auf der Berliner Museumsinsel, des Kunsthistorischen Museums Wien, der Glyptothek München und des Nationalmuseums Warschau zu sehen.

Der Autor dankt Zofia Różycka und Dr. habil. Marek Węcowski für ihre Unterstützung bei der Entstehung des Buches.

2. Auflage, 2021
© 2019 Moritz Verlag, Frankfurt am Main
Alle deutschsprachigen Rechte vorbehalten
© 2018 Jan Bajtlik
Die polnische Originalausgabe erschien 2018 unter dem Titel *Nić Ariadny. Mity i labirynty*
bei Wydawnictwo Dwie Siostry, Warschau.
Redaktion: Maciej Byliniak und Magdalena Cicha-Kłak
Satz: Lina Oberdorfer, Mannheim
Druck: Perfekt, Warschau
Printed in Poland
ISBN 978 3 89565 380 3

Dieses Buch wurde in der THESEUS und der Alegreya gesetzt.